家政婦makoの
ずぼら冷凍レシピ

準備はたった1分!

ZUBORA-frozen recipe

マガジンハウス

ずぼら冷凍のココがすごい!!

準備は1分〜。
保存袋に材料を入れたら、もむだけだから1分で仕込み完了。あとは冷凍している間に味がしみ込んで、勝手においしくなるんです！

作り方は、全部ほぼ同じ！
本書のレシピは、すべて袋で作ります。食材や調味料を袋に入れ→もんで混ぜて→冷凍。料理をしたことがない人でも迷いません！ 下ごしらえも必要ナシ。

ずぼら冷凍の魅力

冷凍庫は、ずぼらの味方。
今こそ冷凍しましょう！

腹ペコで帰っても、すぐ完成！！

食べるときは、「レンチン（電子レンジ）」「トースター」「フライパン」のいずれかで解凍します。チンする（火にかける）だけで、冷凍食品のような便利さ!!

洗いものが少ない。

冷凍庫で仕込みができているため、食べるときに包丁、まな板を洗う必要がありません。「ずぼら冷凍」は、忙しい平日の夜ごはんに最適。

これだけ！

準備はコレだけ

切る

各レシピに大きさの目安が書いてありますが、好みに合わせて変えてもOK。まとめて仕込むときは「野菜」→「肉・魚」の順に切りましょう。キッチンばさみを使ってもラク。

入れる

もっとずぼら!!

カット食材を活用

肉や野菜など、食べやすい大きさで切られた食材がスーパーやコンビニで入手できます。皮むきや洗いものをする余裕がないときにはオススメです！

ずぼら冷凍

1分で完成！

冷凍できる密閉保存袋に、カットした食材を入れます。そのまま、調味料を次々に加えるだけなので、ボウルや混ぜ箸すらいりません！

もむ

袋の口を締め、手でもみながら全体を混ぜ合わせます。調味料が行き渡ったら、袋の口を開けて空気を抜いて完成。味がどんどんしみ込みます。

にすぐできる！

電子レンジ
オーブントースター

チン！

帰宅して、約5分で完成！

えびチリソース ▶ P.51

食べたいとき

フライパン

ジュ〜〜

凍ったまま
のせるだけ！

ヤンニョムチキン ▶ P.30

contents

- ずぼら冷凍のココがすごい!! ……2
- ずぼら冷凍 準備はコレだけ ……4
- 食べたいときにすぐできる! 「ずぼら冷凍」のコツ ……6
- 失敗しない 解凍の基本 ……12,14

Introduciton ほぼ15分で完成! 「ずぼら冷凍」献立1週間

- 月 大人も子どもも喜ぶ タコライスセット ……18
- 火 オールレンチンの3品!! おいも＆きのこ定食 ……20
- 水 栄養バランスも考えた お魚＋混ぜ寿司定食 ……21
- 木 食欲そそる! 豚肉プレート ……22
- 金 しみじみおいしい さっぱり和風定食 ……23
- 土 丸めないで作れる! ハンバーグプレート 味は絶品 ……24
- 日 1週間のごほうび ステーキプレート ……26

PART 1 とにかくかんたん! 冷凍の肉＆魚介おかず

[鶏肉]
- レモンしょうゆチキン ……28
- バーベキューチキン ……29
- ヤンニョムチキン ……30
- タンドリーチキン ……31
- 手羽先と大根のさっぱり煮 ……32
- きのこチーズチキン ……33
- 鶏肉のねぎ塩焼き ……33
- 鶏むね肉ときのこのさっぱり漬け ……34
- 鶏むねチャーシュー ……35

[豚肉]
- 豚肉のスパイシーグリル ……36
- 豚肉のマーマレード焼き ……37
- 豚肉のねぎごま風味 ……38
- 豚玉ねぎポン酢 ……39
- 豚肉とさつまいもの甘辛煮 ……40
- 豚バラのにんじん巻き ……41
- 豚肉のゆずこしょう炒め ……42
- 豚肉のケチャップソース ……43
- 豚肉のごまみそ焼き ……43

[牛肉]
- 牛ステーキ わさびソース ……44
- 牛ステーキ ガーリックソース ……45

[魚介]

サバ缶のトマト煮 …… 56
あさりのワイン蒸し …… 55
白身魚のレモンみそ焼き …… 54
ぶり大根 …… 53
ぶりの韓国風照り焼き …… 53
鮭のオイスターソース焼き …… 52
えびチリソース …… 51
ガーリックシュリンプ …… 50
牛肉とれんこんのからし煮 …… 49
牛肉のオイマヨ炒め …… 48
牛肉のおろし煮 …… 47
牛肉のいも煮 …… 46

[ひき肉]

みそそぼろ …… 65
トマトミート …… 65
タコミート …… 64
きのこつくね …… 63
ジャージャーつくね …… 62
れんこんつくね …… 62
コーンバーグ …… 61
豆腐ひじきバーグ …… 60
中華バーグ …… 60
和風しそバーグ …… 59
ずぼらバーグ …… 58
ツナ缶のクリーム煮 …… 57

COLUMN1
「ずぼら冷凍」でラクラク弁当
トースターで作るこんがり洋風弁当 …… 68
10分で完成!! 和風バーグ弁当 …… 67
サバ缶とトマトのジップロック弁当 …… 66

PART 2
栄養バランスアップ
冷凍の野菜おかず

[玉ねぎ]

玉ねぎといんげんのチリソース風 …… 70
玉ねぎとパプリカのソース焼き …… 71

[キャベツ]

キャベツのコンソメ煮 …… 72

【にんじん】
- にんじんのおかか煮 …… 79
- にんじんの甘煮 …… 79
- にんじんのカレーベーコン炒め …… 78

【大根】
- 大根の磯煮 …… 76
- 大根のなめこ煮 …… 77

【きのこ】
- きのこのピリ辛ごま酢 …… 75
- しいたけのジンジャーオイル焼き …… 75
- きのこのアヒージョ風 …… 74

【キャベツ】
- キャベツのカレー炒め風 …… 73
- キャベツの梅煮 …… 73

【里いも】
- 里いものわさび煮 …… 80
- 里いものしょうゆバター …… 81
- 里いものおかかマヨ …… 81

【さつまいも】
- さつまいものレモン煮 …… 82
- さつまいものパセリバター焼き …… 83

【ブロッコリー】
- ブロッコリーのおかか和え …… 84
- ブロッコリーとカリフラワーのチーズグリル …… 85

COLUMN2
チンの間に作れるかんたんスープ7
- たまごスープ …… 86
- 中華レタススープ …… 87
- わかめスープ …… 88
- トマトスープ …… 88
- かいわれスープ …… 89
- とろろスープ …… 89
- 豆腐スープ …… 90

PART 3 腹ペコを救う 大満足の冷凍メシ

- ガーリックライス …… 92
- ケチャップライス …… 93
- オムライス ケチャップライスのアレンジ …… 93
- ずぼらチャーハン …… 94
- あんかけチャーハン ずぼらチャーハンのアレンジ …… 95
- カレーピラフ …… 96

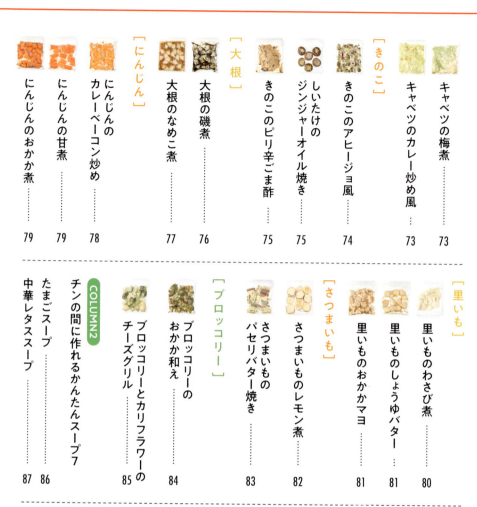

PART 4 もんで作れる！使い道自由！ 魔法の冷凍ソース

COLUMN3 こんなとき、どうする？ずぼらレスキューテク

- 洋風たこメシ ……… 97
- のりしおごはん ……… 98
- 鮭寿司 ……… 99
- こんなとき、どうする？ずぼらレスキューテク ……… 100

魔法の冷凍ソースってなに？ ……… 102

[魔法の冷凍ソース❶] フレッシュトマトソース
- トマトそうめん ……… 104
- チキンのトマトソース ……… 105
- 白身魚のトマトソース ……… 105
- トマトそうめん ……… 106
- 冷製トマト茶漬け ……… 107

[魔法の冷凍ソース❷] ポテトソース

- じゃがいもポタージュ ……… 108
- 白身魚のポテトソース ……… 109
- ツナポテトチーズ焼き ……… 109
- ハム巻きオードブル ……… 110
- ずぼらポテサラ ……… 111
- ずぼらポテサラ ……… 111

[魔法の冷凍ソース❸] アボカドソース
- えびアボカド ……… 112
- アボカドやっこ ……… 113
- ポキ丼 ……… 114
- メキシカンビーフ ……… 114
- メキシカンビーフ ……… 115

[魔法の冷凍ソース❹] タルタルソース
- ミモザサラダ ……… 116
- 鮭タルタル ……… 117
- 鶏むねタルタル ……… 118
- グリル野菜のタルタル和え ……… 118
- タルタルトースト ……… 119
- タルタルトースト ……… 119

おまけ 保存袋で超かんたん 冷凍スイーツ
- みかんシャーベット ……… 120
- クラッシュいちごミルク ……… 121
- マシュマロきなこアイス ……… 122
- バナナチョコアイス ……… 123
- フローズンヨーグルト ……… 123

- 食材別インデックス ……… 124
- 袋で「もむだけ」でいい！ ……… 126

「ずぼら冷凍」のコツ

少しでもラクにおいしく冷凍するために、最低限気をつけてほしいことをまとめました。

保存袋は使い捨てで気楽に冷凍生活

冷凍して解凍した保存袋は、におい移りや衛生面から考え、洗って再利用することはオススメしません。100円ショップやドラッグストアでも安価に売られています。袋のままチンできるか確認しましょう。

ラクするための makoの冷凍ワザ

厚い食材は薄くする

解凍するときの火通りを均一にさせるために、鶏肉は開いたり、大根やにんじんなど根菜類はひと口大以下にしましょう。

ハンバーグやつくねは箸で分割

ひき肉を使ったレシピ（P58〜）は、袋に箸で跡を付けて分割しておけば、凍っていても手で割って使いやすくなります。

時短調味料を使いこなす

にんにくやしょうがなどは、便利なチューブなら手間いらず。めんつゆや白だしなども、味を一発で決めてくれます！

保存袋のなかで混ぜるときに、もむだけでは時間がかかることがあります。袋に空気を入れてパンパンにしてふり混ぜることで、調味料がまんべんなくコーティングされやすくなります。

空気を入れてふると混ざりやすい！

冷凍する前は、必ず空気は抜くこと。空気が残っていると、食材が酸化したり、傷みやすくなる原因になります。ストローを入れて口を締め、余分な空気を吸い上げるとかんたんです。ただし、調味液を吸わないように注意を！

ストローで空気をしっかり抜く

失敗しない 解凍の基本

電子レンジ

加熱時間をセットしたら手がかからず、忙しい人に大人気の調理器具。食材に含まれる水分や旨味を閉じ込めます。煮物(PART1)や野菜おかず(PART2)、冷凍メシ(PART3)などに最適!

1

冷凍保存袋から取り出し、耐熱皿に移します。レシピの量に合わせて、ひと回り大きい器を選びましょう。袋のまま解凍するなら、<u>レンジ対応の保存袋を使い、油分が多いレシピは避けて。</u>

2

ぴっちりラップをすると、蒸気の圧力で破裂してしまうことがあるのでふんわりかけて逃げ道を作ること。袋のまま解凍は、必ず口を開けましょう。

加熱時間早見表

本書のレシピは、**600W**が基準。500Wや700Wのレンジをお使いの場合は右の表を参考にしてください。ただし機種や食材によって変わるので、<u>最初は短めに設定し、30秒ずつ追加加熱</u>をしましょう。

500W	600W	700W
3分30秒	3分	2分30秒
4分10秒	3分30秒	3分
4分50秒	4分	3分20秒
6分	5分	4分20秒
7分10秒	6分	5分10秒
8分20秒	7分	6分
9分40秒	8分	6分50秒

冷凍しておいた保存袋は、3通りの方法で解凍して食べられます。
ルールを守って、おいしいずぼら冷凍を始めてください!!

フライパン

本書のフライパン解凍は、凍ったまま入れます。
ふたをして加熱・解凍したら、そのまま「炒める」ことができ、
レンジとは違うおいしさに。

1
冷凍保存袋から取り出し、フライパンにのせます。このとき、袋の全量を入れずに、作りたい分だけを割って入れてもOK！ お弁当のおかずにも活躍します。

2
火にかけたら、ふたをして蒸し焼きにすることで解凍できます。全体に加熱できたらふたを外し、水分が飛ぶまで中〜強火で。食材やフライパンの大きさで加熱時間が変わるので、P100で火通りの確認を！

水を加えて蒸し焼きに！

とくに肉は解凍の加熱時間がかかるため、下味の調味料によっては、焦げつくことがあります。フライパンにふたをする前に<u>水を大さじ1〜3くらい入れること</u>で、解凍しやすくなります。入れすぎは味が薄まるので注意。

🍞 トースター

加熱時間は少しかかりますが、レンジ同様にほったらかし調理に。カリッとした食感、こんがりとおいしそうな焦げ目ができるのがトースターの魅力。魚、グリル料理、チーズが入った料理にぴったりです!

1
冷凍保存袋から取り出し、トースターのトレーにのせます。食材が多いときは、なるべく重ならないように薄く広げましょう。

2
トースターで加熱するときは、機種によって大きく異なるので、レシピの加熱時間は目安として様子を見ながら解凍してください(本書のレシピは、1000Wの加熱時間を記載しています)。

焦げそうなときはホイルをかぶせる

トースターで解凍するときは、中は冷たいのに表面が焦げる場合も。レシピ記載の加熱時間で焦げてしまいそうなときは、**ホイルで覆ってじんわりと火を通しましょう。**

Introduciton

ほぼ15分で完成!
「ずぼら冷凍」献立1週間

「ずぼら冷凍」をストックしておけば、クタクタになって帰ってきた日でも大丈夫。タイムテーブルの通りに作れば、ほぼ15分以内に完成!主菜と副菜を解凍している間に、スープまで作れます。

副菜 キャベツのコンソメ煮 ▶ P.72

スープ わかめスープ ▶ P.88

\ 大人も子どもも喜ぶ /
タコライスセット

カフェのランチみたいに盛り付ければ、冷凍とは思えない食卓に！
温玉やチーズ、マヨネーズ、アボカドなどをトッピングしても、
子どもも喜ぶこと間違いなし。

火 TUE
おいも&きのこ定食
オールレンチンの3品!!

ほくっとしたさつまいもと、豚肉の旨みが広がる甘辛おかずに、さっぱり箸休めになる副菜を組み合わせました。ご飯に色味があるだけで、食卓が華やぎます!

- ご飯 のりしおごはん ▶ P.98
- 副菜 きのこのピリ辛ごま酢 ▶ P.75
- 主菜 豚肉とさつまいもの甘辛煮 ▶ P.40
- スープ 豆腐スープ ▶ P.90

タイムテーブル

	0	1	2	3	4	5	6	7	8	9	10	11	12	13	14	15	16	17	18	19	20
主菜												レンチン(8分)									
副菜	レンチン(5分)																			
ご飯					レンチン(6分)															
スープ	湯沸かし→材料準備(5分)												湯を注ぐ						

19分で完成!

水 WED

栄養バランスも考えた
お魚＋混ぜ寿司定食

淡白な魚は、みそとみりんでコクを加え、レモンで味に変化をつけます。おかずがシンプルな分、チンして作るかんたんお寿司で満足度がアップ！

- ご飯　鮭寿司 ▶ P.99
- 副菜　大根の磯煮 ▶ P.76
- 主菜　白身魚のレモンみそ焼き ▶ P.54
- スープ　とろろスープ ▶ P.89

⏰ タイムテーブル

	0	1	2	3	4	5	6	7	8	9	10	11	12	13	14	15
主菜	フライパン（6分）															
副菜	レンチン（6分）															
ご飯							レンチン（6分）									
スープ	湯沸かし→材料準備（5分）												湯を注ぐ		

12分で完成！

豚肉プレート

食欲そそる！ 木 THU

週の後半は、パワーがつくがっつりお肉が主役に。しょうゆベースの味なので、白ごはんにもバッチリ合います。ワンプレートなら洗いものも減らせますよ♪

副菜　玉ねぎとパプリカのソース焼き ▶ P.71

主菜　豚肉のねぎごま風味 ▶ P.38

スープ　中華レタススープ ▶ P.87

⏰ タイムテーブル

	0	1	2	3	4	5	6	7	8	9	10	11	12	13	14	15
主菜	レンチン（8分）															
副菜	トースター（15分）															
スープ	湯沸かし→材料準備（5分)														湯を注ぐ	

15分で完成！

副菜 ブロッコリーのおかか和え ▶ P.84

主菜 手羽先と大根のさっぱり煮 ▶ P.32

スープ たまごスープ ▶ P.86

金 FRI

＼しみじみおいしい／
さっぱり和風定食

これもまたレンチンだけで完成する、
煮物と和え物のヘルシーな2品献立。冷凍することで、
鶏手羽にしっかり味が染みてごちそうおかずに！

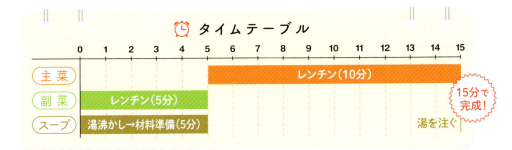

副菜 にんじんの甘煮 ▶ P.79

スープ トマトスープ ▶ P.88

\ 丸めないで作れる！ 味は絶品 /
ハンバーグプレート

おかずは全部レンジだけで作れて、手間いらず。
ボリューム満点のハンバーグは、保存袋でもむだけでかんたん！
洋食屋さんのように、にんじんで彩りを添えます。

主菜 ずぼらバーグ ▶ P.58

主菜　牛ステーキ わさびソース ▶ P.44

スープ　かいわれスープ ▶ P.89

副菜　玉ねぎといんげんの チリソース風 ▶ P.70

\ 1週間のごほうび /
ステーキプレート

ステーキを特売日に買っておき、下味をつけて冷凍しておけば、
いつでも豪華な夕ご飯が作れます！
パンやご飯のほか、ガーリックライス（P.92）もぴったり。

PART 1

とにかくかんたん！
冷凍の肉&魚介おかず

袋に入れて、もむだけで準備OK！　冷凍している間に
肉や魚に調味料がしみ込み、解凍してもしっとり。
ホッとする和風、さっぱり味、ピリ辛、エスニックなど、
ご飯がすすむこと間違いなしです。

［ アイコンマークの読み方 ］

解凍方法	準備時間と保存期間の目安
	準備10分　冷凍2週間

鶏肉

マイルドな酸味がおいしい、人気No.1おかず！
レモンしょうゆチキン

● 材料(2～3人分)
鶏もも肉 …… 1枚
レモン(スライス) …… 4枚
しょうゆ …… 大さじ1・1/2
砂糖 …… 大さじ1
レモン汁 …… 大さじ1

● 冷凍の準備
保存袋にすべての材料を入れる。もんで混ぜたら、空気を抜いて平らにして冷凍する。

● 解凍方法
フライパンに入れ、水大さじ3(分量外)を入れてふたをし、弱火で**10～15分ほど火が通るまで**加熱する。ふたを開け、水分がなくなるまで強火で加熱する。

フライパン加熱の目安はP15

準備 1分 ／ 冷凍 2～3週間

ずぼらQ. コンビニにレモンが売ってません……。
A. レモン汁を多めに入れれば大丈夫です！

焼きっぱなしで簡単!! みんなの手がのびる
バーベキューチキン

準備 **1分** ／ 冷凍 **2〜3週間**

● 材料（2〜3人分）
鶏手羽元 …… 6本
おろしにんにく（チューブ）
　…… 3cm
ケチャップ …… 大さじ3
みりん …… 小さじ2
中濃ソース …… 小さじ2
塩 …… ひとつまみ

● 冷凍の準備
保存袋にすべての材料を入れる。もんで混ぜたら、空気を抜いて平らにして冷凍する。

● 解凍方法
オーブントースターに入れ、**20〜30分**ほど火が通るまで焼く。

- 温度調節は「強」
- 焦げそうになったら、ホイルをかぶせる

鶏肉

旨辛〜い韓国風のたれを堪能!
ヤンニョムチキン

準備 3分 / 冷凍 2〜3週間

材料(2〜3人分)
鶏もも肉(4等分に切る)
…… 1枚
おろしにんにく(チューブ)
…… 3cm
コチュジャン …… 大さじ1
ケチャップ …… 大さじ2
ごま油 …… 大さじ1

冷凍の準備
保存袋にすべての材料を入れる。もんで混ぜたら、空気を抜いて平らにして冷凍する。

解凍方法
フライパンに入れ、水大さじ3(分量外)を入れてふたをし、弱火で**10〜15分ほど火が通るまで**加熱する。ふたを開け、水分がなくなるまで強火で加熱する。

● フライパン加熱の目安はP15

ずぼらQ. ウスターソースじゃなきゃダメ!?
A 少し甘めになるけど、中濃ソースでもいいですよ！

隠し味のめんつゆで、白ご飯にばっちり合う
タンドリーチキン

準備 3分　冷凍 2～3週間

● 材料（2～3人分）

鶏もも肉（4等分に切る）…… 1枚
ヨーグルト（無糖）…… 大さじ2
おろしにんにく（チューブ）…… 3cm
おろししょうが（チューブ）…… 3cm
カレー粉 …… 小さじ1
めんつゆ（2倍濃縮）…… 大さじ2
ウスターソース …… 小さじ1

● 冷凍の準備

保存袋にすべての材料を入れる。もんで混ぜたら、空気を抜いて平らにして冷凍する。

● 解凍方法

フライパンに入れ、水大さじ3（分量外）を入れてふたをし、弱火で10～15分加熱する。ふたを開け、水分がなくなるまで強火で加熱する。

PART 1　とにかくかんたん！　冷凍の肉＆魚介おかず

鶏 肉

ほかほか体が温まる！ しみしみ煮物おかず
手羽先と大根のさっぱり煮

準備 1分 ／ 冷凍 2〜3週間

材料（2〜3人分）
手羽先 …… 6本
大根（2cm幅のいちょう切り）
　…… 1/8本
水、しょうゆ、みりん、酢
　…… 各大さじ2
和風だし（顆粒）…… 小さじ1

冷凍の準備
保存袋にすべての材料を入れる。もんで混ぜたら、空気を抜いて平らにして冷凍する。

解凍方法
耐熱皿に入れてふんわりラップをかけ、レンジ（600W）で**10〜12分加熱**する。

● レンジ加熱の目安はP14

きのこチーズチキン

ご飯にもパンにもマッチする

トースターで！
準備 3分 / 冷凍 2〜3週間

材料(2〜3人分)
鶏むね肉（ひと口大に切る） …… 1枚
エリンギ（薄切り）…… 1本
まいたけ（石づきを除いて小房に分ける）
…… 1/2株
粉チーズ …… 大さじ2
オリーブオイル …… 大さじ1
コンソメ（顆粒）…… 小さじ1
塩、こしょう …… 各少々

冷凍の準備
保存袋にすべての材料を入れる。もんで混ぜたら、空気を抜いて平らにして冷凍する。

解凍方法
オーブントースターに入れ、**20〜30分**ほど火が通るまで焼く。好みでパセリをふる。

- 温度調節は「強」
- 焦げそうになったら、ホイルをかぶせる

鶏肉のねぎ塩焼き

ホッとする和定食の定番

フライパンで！
準備 3分 / 冷凍 2〜3週間

材料(2〜3人分)
鶏もも肉 …… 1枚
長ねぎ（みじん切り）
…… 1/4本
ごま油 …… 大さじ1
白だし …… 小さじ1
塩 …… 小さじ1/2

冷凍の準備
保存袋にすべての材料を入れる。もんで混ぜたら、空気を抜いて平らにして冷凍する。

解凍方法
フライパンに入れ、水大さじ3（分量外）を入れてふたをし、弱火で**10〜15分加熱**する。ふたを開け、水分がなくなるまで強火で加熱する。

まろやかな酸味が鶏むねを引き立てる
鶏むね肉ときのこのさっぱり漬け

準備 3分 / 冷凍 2〜3週間

● 材料（2〜3人分）
鶏むね肉 …… 1枚
しいたけ（薄切り）…… 2枚
まいたけ
（石づきを除き小房に分ける）
…… 1/2株
ポン酢 …… 大さじ3
みりん …… 大さじ1

● 冷凍の準備
保存袋にすべての材料を入れる。もんで混ぜたら、空気を抜いて平らにして冷凍する。

● 解凍方法
耐熱皿に入れてふんわりラップをかけ、レンジ（600W）で **8分加熱** する。

● レンジ加熱の目安はP14

> **ずぼらQ.** 鶏もも肉でも作れますか？
>
> **A** もちろんです。ジューシーな仕上がりになります♪

食べごたえ抜群、おつまみ系おかず
鶏むねチャーシュー

準備 5分 ／ 冷凍 2〜3週間

● 材料（2〜3人分）

鶏むね肉（開いておく）…… 1枚
しょうゆ …… 大さじ2
みりん …… 大さじ1
砂糖 …… 小さじ1
酢 …… 小さじ1

● 冷凍の準備

1. 鶏肉をぐるぐる巻き、つまようじで留める。
2. 保存袋に1とすべての調味料を入れる。軽くなじませたら、空気を抜いて冷凍する。

● 解凍方法

袋の口を開け、レンジ（600W）で**8分加熱**する。好みの厚さに切る。

豚肉

準備 1分
冷凍 2～3週間

かじりつきたい肉おかずの決定版
豚肉のスパイシーグリル

● 材料（2～3人分）

豚スペアリブ …… 6本
ウスターソース …… 小さじ2
カレー粉 …… 少々
塩 …… 小さじ1/2

● 冷凍の準備

保存袋にすべての材料を入れる。もんで混ぜたら、空気を抜いて平らにして冷凍する。

● 解凍方法

オーブントースターに入れ、**30分**～火が通るまで焼く。

● 温度調節は「強」
● 焦げそうになったら、ホイルをかぶせる

ずぼらQ. ほかのジャムでも作れるかな？

A あんずジャムでも、甘辛くておいしい！

ホロ苦い旨味がたまらない！
豚肉のマーマレード焼き

準備 1分　冷凍 2～3週間

● 材料（2～3人分）

<u>豚こま切れ肉</u> …… 200g
マーマレード …… 大さじ2
しょうゆ …… 大さじ1

● 冷凍の準備

保存袋にすべての材料を入れる。もんで混ぜたら、空気を抜いて平らにして冷凍する。

● 解凍方法

フライパンに入れ、水大さじ3（分量外）を入れてふたをし、弱火で**8分加熱**する。ふたを開け、水分がなくなるまでほぐしながら強火で加熱する。

● フライパン加熱の目安はP15

豚肉

刻んだねぎをどっさり入れるのが、最大のポイント
豚肉のねぎごま風味

準備 3分 / 冷凍 2〜3週間

材料(2〜3人分)
豚ロース厚切り肉(とんかつ用)
…… 3枚
青ねぎ(小口切り)…… 4本
いりごま …… 大さじ2
しょうゆ …… 大さじ1・1/2
酒 …… 大さじ1

冷凍の準備
保存袋にすべての材料を入れる。もんで混ぜたら、空気を抜いて平らにして冷凍する。

解凍方法
耐熱皿に入れてふんわりラップをかけ、レンジ(600W)で**8分加熱**する。

● レンジ加熱の目安はP14

さっぱりウマい!! いくらでも食べたくなる
豚玉ねぎポン酢

準備 3分　冷凍 2〜3週間

●材料(2〜3人分)
<u>豚こま切れ肉</u> …… 150g
玉ねぎ(薄切り) …… 1/2個
ポン酢 …… 大さじ1・1/2
塩、こしょう …… 各少々

●冷凍の準備
保存袋にすべての材料を入れる。もんで混ぜたら、空気を抜いて平らにして冷凍する。

●解凍方法
フライパンに入れ、水大さじ3(分量外)を入れてふたをし、弱火で**10分加熱**する。ふたを開け、水分がなくなるまでほぐしながら強火で加熱する。

●フライパン加熱の目安はP15

豚肉

寒い季節に恋しくなる、ほっこりおかず
豚肉とさつまいもの甘辛煮

準備 3分 / 冷凍 2〜3週間

● 材料(2〜3人分)
豚こま切れ肉 …… 150g
さつまいも
（1.5cm幅の半月切り）
…… 1/2本
めんつゆ(2倍濃縮) …… 大さじ3
みりん …… 大さじ1
水 …… 大さじ2

● 冷凍の準備
保存袋にすべての材料を入れる。もんで混ぜたら、空気を抜いて平らにして冷凍する。

● 解凍方法
耐熱皿に入れてふんわりラップをかけ、レンジ（600W）で**8分加熱**する。

● レンジ加熱の目安は P14

旨みたっぷりの豚の脂がジューシー！
豚バラのにんじん巻き

準備 5分／冷凍 2〜3週間

● 材料（2〜3人分）
豚バラ薄切り肉
…… 6枚（150g）
にんじん（棒状に切る）
…… 1/2本
オイスターソース、みりん
…… 各大さじ1

● 冷凍の準備
1. にんじんを豚バラでぐるぐる巻き、つまようじで留める。
2. 保存袋にすべての材料を入れる。もんで混ぜたら、空気を抜いて平らにして冷凍する。

● 解凍方法
耐熱皿に入れてふんわりラップをかけ、レンジ（600W）で**8分加熱**する。

豚肉

肉炒めをちょっぴり新鮮にする
豚肉のゆずこしょう炒め

準備 1分　冷凍 2〜3週間

● 材料（2〜3人分）
豚こま切れ肉 …… 200g
ゆずこしょう …… 小さじ1
しょうゆ …… 大さじ1
みりん …… 大さじ1

● 冷凍の準備
保存袋にすべての材料を入れる。もんで混ぜたら、空気を抜いて平らにして冷凍する。

● 解凍方法
フライパンに入れ、水大さじ3（分量外）を入れてふたをし、弱火で**8分加熱**する。ふたを開け、水分がなくなるまでほぐしながら強火で加熱する。

フライパン加熱の目安はP15

レンチンで! みんなに大人気の洋食屋さんの味

豚肉のケチャップソース

▶材料(2〜3人分)

豚こま切れ肉 …… 150g
玉ねぎ(薄切り) …… 1/2個
ケチャップ …… 大さじ3
しょうゆ …… 小さじ1
砂糖 …… 小さじ1

▶冷凍の準備

保存袋にすべての材料を入れる。もんで混ぜたら、空気を抜いて平らにして冷凍する。

▶解凍方法

耐熱皿に入れてふんわりラップをかけ、レンジ(600W)で**8分加熱**する。

準備 3分 / 冷凍 2〜3週間

フライパンで! 香ばしいごまの香りに包み込まれる

豚肉のごまみそ焼き

▶材料(2〜3人分)

豚こま切れ肉 …… 200g
白すりごま …… 大さじ1
みそ …… 大さじ1
みりん …… 大さじ1
砂糖 …… 大さじ1/2

▶冷凍の準備

保存袋にすべての材料を入れる。もんで混ぜたら、空気を抜いて平らにして冷凍する。

▶解凍方法

フライパンに入れ、水大さじ3(分量外)を入れてふたをし、弱火で**8分加熱**する。ふたを開け、水分がなくなるまで強火で加熱する。

準備 1分 / 冷凍 2〜3週間

フライパンで!

特売日に買って、ぜひ仕込んでおきたい!!

牛ステーキ わさびソース

牛肉

● 材料(2〜3人分)

牛ステーキ肉 …… 2枚
わさび(チューブ)…… 6cm
しょうゆ …… 大さじ2
みりん …… 大さじ2
塩、こしょう …… 各少々

● 冷凍の準備

保存袋にすべての材料を入れる。もんで混ぜたら、空気を抜いて平らにして冷凍する。

● 解凍方法

フライパンに入れ、水大さじ1(分量外)を入れてふたをし、弱火で**6分加熱**する。ふたを開け、水分がなくなるまで強火で加熱する。

ずぼらQ…かたくならないか心配……。

準備 1分 / 冷凍 2〜3週間

 袋で仕込むときに、ハサミで筋を切るとよいです。

肉汁がジュワーっと口に広がる
牛ステーキ ガーリックソース

 準備 3分　 冷凍 2～3週間

● 材料（2～3人分）
牛ステーキ肉（サイコロ状に切る）…… 2枚
おろしにんにく（チューブ）…… 6cm
しょうゆ …… 大さじ1
酒、みりん …… 各小さじ1
塩、こしょう …… 各少々

● 冷凍の準備
保存袋にすべての材料を入れる。もんで混ぜたら、空気を抜いて平らにして冷凍する。

● 解凍方法
フライパンに入れ、水大さじ1（分量外）を入れてふたをし、弱火で**6分加熱**する。ふたを開け、水分がなくなるまで強火で加熱する。

● フライパン加熱の目安はP15

牛　肉

袋に入れたら、レンジ任せの煮物おかず
牛肉のいも煮

準備 5分 ／ 冷凍 2〜3週間

材料（2〜3人分）

牛こま切れ肉 …… 150g
里いも（皮をむく）…… 小8個
長ねぎ（薄切り）…… 1本
水 …… 200ml
和風だし（顆粒）…… 小さじ1
しょうゆ …… 大さじ1
砂糖 …… 大さじ1
酒 …… 大さじ1

冷凍の準備

保存袋にすべての材料を入れる。もんで混ぜたら、空気を抜いて平らにして冷凍する。

解凍方法

耐熱皿に入れてふんわりラップをかけ、レンジ（600W）で**8分加熱**する。

●レンジ加熱の目安はP14

煮汁まで飲み干したい！
牛肉のおろし煮

準備 3分　冷凍 2〜3週間

● 材料（2〜3人分）
牛こま切れ肉 …… 200g
大根おろし …… 大さじ4
めんつゆ（2倍濃縮）
　　…… 大さじ5
みりん …… 大さじ1

● 冷凍の準備
保存袋にすべての材料を入れる。もんで混ぜたら、空気を抜いて平らにして冷凍する。

● 解凍方法
耐熱皿に入れてふんわりラップをかけ、レンジ（600W）で**8分加熱**する。

牛 肉

スタミナ満点！　箸がすすむ、すすむ！
牛肉のオイマヨ炒め

準備 3分　冷凍 2〜3週間

● 材料(2〜3人分)
牛こま切れ肉 …… 150g
にんにくの芽（3cm幅に切る）
　…… 8本
オイスターソース …… 大さじ1
マヨネーズ …… 大さじ1
塩、こしょう …… 各少々

● 冷凍の準備
保存袋にすべての材料を入れる。もんで混ぜたら、空気を抜いて平らにして冷凍する。

● 解凍方法
フライパンに入れ、水大さじ3（分量外）を入れてふたをし、弱火で**8分加熱**する。ふたを開け、水分がなくなるまでほぐしながら強火で加熱する。

● フライパン加熱の
　目安はP15

「料理上手！」と言われるひと皿
牛肉とれんこんのからし煮

準備 3分　冷凍 2〜3週間

● 材料（2〜3人分）
牛こま切れ肉 …… 150g
れんこん（1cm幅の半月切り）
…… 1/2本
めんつゆ（2倍濃縮）
…… 大さじ4
水 …… 大さじ4
からし（チューブ）…… 6cm

● 冷凍の準備
保存袋にすべての材料を入れる。もんで混ぜたら、空気を抜いて平らにして冷凍する。

● 解凍方法
耐熱皿に入れてふんわりラップをかけ、レンジ（600W）で**8分加熱**する。

● レンジ加熱の目安は P14

魚介

ガーリックシュリンプ

おしゃれなのに、とってもかんたん……！

材料(2〜3人分)
えび(殻をむく) …… 10尾
おろしにんにく(チューブ)
…… 6cm
オリーブオイル …… 大さじ2
塩 …… 小さじ1/4
こしょう …… 少々

冷凍の準備
保存袋にすべての材料を入れ、もんで混ぜたら、空気をぬいて平らにして冷凍する。

解凍方法
オーブントースターに入れ、**15分〜20分**ほど火が通るまで焼く。

- 温度調節は「強」
- 焦げそうになったら、ホイルをかぶせる

準備 **3分**　冷凍 **2〜3週間**

ずぼらQ. 殻付きえび、むくのが面倒です……

A むきえびでもOK！小さめなら数を増やして。

レンチンで！

中華の定番を"ずぼら"に作ろう
えびチリソース

準備 3分 ／ 冷凍 2〜3週間

材料（2〜3人分）
<u>えび（殻をむく）</u> …… 10尾
ケチャップ …… 大さじ1
みりん …… 大さじ1
酢 …… 小さじ1
オイスターソース …… 小さじ1
ごま油 …… 大さじ1

冷凍の準備
保存袋にすべての材料を入れる。もんで混ぜたら、空気を抜いて平らにして冷凍する。

解凍方法
耐熱皿に入れてふんわりラップをかけ、レンジ（600W）で<u>**6分加熱**</u>する。

● レンジ加熱の目安はP14

魚介

いつもの鮭が劇的においしくなる！
鮭のオイスターソース焼き

準備 1分　冷凍 2～3週間

材料(2人分)
鮭……2切れ
オイスターソース
……大さじ1
酒……大さじ1

冷凍の準備
保存袋にすべての材料を入れる。もんで混ぜたら、空気を抜いて平らにして冷凍する。

解凍方法
オーブントースターに入れ、15～20分ほど火が通るまで焼く。

- 温度調節は「強」
- 焦げそうになったら、ホイルをかぶせる

コチュジャンがいい仕事をする
ぶりの韓国風照り焼き

準備 1分 / 冷凍 2〜3週間

・材料(2人分)
ぶり……2切れ
コチュジャン……大さじ1/2
しょうゆ……小さじ1
みりん……小さじ1

・冷凍の準備
保存袋にすべての材料を入れる。もんで混ぜたら、空気を抜いて平らにして冷凍する。

・解凍方法
フライパンに入れ、水大さじ1（分量外）を入れてふたをし、弱火で**6分加熱**する。ふたを開け、水分がなくなるまで強火で加熱する。

 これで失敗しない！ ザ・おふくろの味
ぶり大根

準備 3分 / 冷凍 2〜3週間

・材料(2人分)
ぶり……1切れ
大根(1.5cm幅の半月切り)……3cm
しょうゆ、みりん、砂糖、水……各大さじ1

・冷凍の準備
保存袋にすべての材料を入れる。もんで混ぜたら、空気を抜いて平らにして冷凍する。

・解凍方法
耐熱皿に入れてふんわりラップをかけ、レンジ(600W)で**8分加熱**する。

魚介

みそのコクに、さわやかレモンが出会った
白身魚のレモンみそ焼き

準備 1分　冷凍 2〜3週間

● 材料(2人分)

白身魚(たら、さわらなど)
…… 2切れ
レモン(スライス)…… 2枚
みりん …… 大さじ1
みそ …… 大さじ1/2
レモン汁 …… 大さじ1

● 冷凍の準備

保存袋にすべての材料を入れる。もんで混ぜたら、空気を抜いて平らにして冷凍する。

● 解凍方法

フライパンに入れ、水大さじ1(分量外)を入れてふたをし、弱火で**6分加熱**する。ふたを開け、水分がなくなるまで強火で加熱する。

● フライパン加熱の目安はP15

気の利いた一品がレンチンですぐできる！
あさりのワイン蒸し

準備 1分　冷凍 2〜3週間

材料（2〜3人分）
あさり（砂抜きしておく）
…… 16粒
白ワイン …… 大さじ2
バター …… 10g
こしょう …… 少々

冷凍の準備
保存袋にすべての材料を入れる。もんで混ぜたら、空気を抜いて平らにして冷凍する。

解凍方法
耐熱皿に入れてふんわりラップをかけ、レンジ（600W）で**4分加熱**する。好みでパセリをふる。

● レンジ加熱の目安は P14

重宝する魚缶で、ヘルシー&コスパもいい！
サバ缶のトマト煮

準備 5分　冷凍 2〜3週間

◆材料(2〜3人分)

<u>サバ缶</u> …… 1缶
トマト缶 …… 1缶
玉ねぎ（くし形切り）…… 1個
おろしにんにく（チューブ）…… 3cm
パセリ（みじん切り）…… 大さじ1
オリーブオイル …… 大さじ1
しょうゆ …… 大さじ1
塩、こしょう …… 各少々

◆冷凍の準備

保存袋にすべての材料を入れる。もんで混ぜたら、空気を抜いて平らにして冷凍する。

◆解凍方法

耐熱皿に入れてふんわりラップをかけ、レンジ（600W）で<u>**8分加熱**</u>する。

● レンジ加熱の目安は P14

ずぼらQ. オススメのツナ缶はある？

A 塊があるチャンクタイプなら1品で大満足！

具だくさんのおかずスープ風
ツナ缶のクリーム煮

準備 5分 ／ 冷凍 2〜3週間

材料(2〜3人分)
ツナ缶 …… 大1缶
玉ねぎ(薄切り) …… 1個
パセリ(みじん切り) …… 大さじ1
牛乳 …… 200ml
コンソメ(顆粒) …… 小さじ1
片栗粉 …… 小さじ1
塩、こしょう …… 各少々

冷凍の準備
保存袋にすべての材料を入れる。もんで混ぜたら、空気を抜いて平らにして冷凍する。

解凍方法
耐熱皿に入れてふんわりラップをかけ、レンジ(600W)で**8分加熱**する。

ひき肉

レンチンで！ 毎日だって作れる、食べられる!!
ずぼらバーグ

● 材料(2〜3人分)
- **合いびき肉** …… 300g
- 玉ねぎ（みじん切り）…… 1/2個
- パン粉 …… 大さじ4
- 片栗粉 …… 小さじ1
- ケチャップ …… 大さじ4
- 塩、こしょう …… 各少々

● 冷凍の準備
保存袋にすべての材料を入れる。もんで混ぜたら、空気を抜いて平らにして冷凍する。

● 解凍方法
耐熱皿に入れてふんわりラップをかけ、レンジ（600W）で**8分加熱**する。

準備 5分　冷凍 2〜3週間

 4〜8分割に箸を当てて冷凍すると、使いやすいです（P12）。

ずぼらQ ……袋に跡がついているのは……？

58

刻んだしその香りがアクセント
和風しそバーグ

準備 5分 / 冷凍 2〜3週間

● 材料（2〜3人分）
合いびき肉 …… 300g
しそ（みじん切り）…… 6枚
玉ねぎ（みじん切り）…… 1/2個
パン粉 …… 大さじ3
片栗粉 …… 大さじ1
塩 …… 小さじ1/4
しょうゆ …… 小さじ2
酒 …… 小さじ2

● 冷凍の準備
保存袋にすべての材料を入れる。もんで混ぜたら、空気を抜いて平らにして冷凍する。

● 解凍方法
耐熱皿に入れてふんわりラップをかけ、レンジ（600W）で**8分加熱**する。

● レンジ加熱の目安はP14

ひき肉

 フライパンでふっくらジューシー
中華バーグ

● 材料（2〜3人分）

豚ひき肉 ……… 350g
玉ねぎ（みじん切り）……… 1個
ごま油 ……… 大さじ1
おろししょうが（チューブ）……… 3cm
オイスターソース ……… 小さじ1
鶏がらスープの素 ……… 小さじ1
酒 ……… 大さじ1
片栗粉 ……… 大さじ1

● 冷凍の準備

保存袋にすべての材料を入れる。もんで混ぜたら、空気を抜いて平らにして冷凍する。

● 解凍方法

フライパンに入れ、水大さじ3（分量外）を入れてふたをし、弱火で**10分加熱**する。ふたを開け、水分がなくなるまで強火で加熱する。

準備 5分　冷凍 2〜3週間

 豆腐たっぷりのヘルシーおかず1位！
豆腐ひじきバーグ

● 材料（2〜3人分）

鶏ひき肉 ……… 200g
豆腐（絹）……… 100g
ひじき缶 ……… 1缶
片栗粉 ……… 大さじ2
しょうゆ、酒、みりん
　……… 各大さじ1・1/2

● 冷凍の準備

保存袋にすべての材料を入れる。もんで混ぜたら、空気を抜いて平らにして冷凍する。

● 解凍方法

耐熱皿に入れてふんわりラップをかけ、レンジ（600W）で**8分加熱**する。

準備 3分　冷凍 2〜3週間

牛の濃い旨味に、つぶつぶコーンがはじける!!
コーンバーグ

準備 3分 / 冷凍 2〜3週間

● 材料（2〜3人分）
牛ひき肉 …… 300g
コーン缶 …… 1缶
パン粉 …… 大さじ3
ウスターソース …… 大さじ1
コンソメ（顆粒）…… 小さじ1
塩、こしょう …… 各少々

● 冷凍の準備
保存袋にすべての材料を入れる。もんで混ぜたら、空気を抜いて平らにして冷凍する。

● 解凍方法
オーブントースターに入れ、**30分**〜火が通るまで焼く。

- 温度調節は「強」
- 焦げそうになったら、ホイルをかぶせる

ひき肉

レンチンで！

大きめのれんこんをのせてアクセントに

れんこんつくね

準備 5分 ／ 冷凍 2〜3週間

● 材料（2〜3人分）

豚ひき肉 …… 300g
れんこん（みじん切り）
　…… 1/2節
しょうゆ、みりん
　…… 各大さじ1・1/2
片栗粉 …… 大さじ1

● 冷凍の準備

保存袋にすべての材料を入れる。もんで混ぜたら、空気を抜いて平らにして冷凍する。

● 解凍方法

耐熱皿に入れてふんわりラップをかけ、レンジ（600W）で**8分加熱**する。

フライパンで！

甘辛い「ジャージャー麺」をつくねで表現

ジャージャーつくね

● 材料（2〜3人分）

豚ひき肉 …… 300g
長ねぎ（みじん切り） …… 1/2本
すりごま …… 大さじ2
ごま油 …… 大さじ1
みそ …… 大さじ1
オイスターソース …… 小さじ1
砂糖 …… 大さじ1
片栗粉 …… 大さじ1

● 冷凍の準備

保存袋にすべての材料を入れる。もんで混ぜたら、空気を抜いて平らにして冷凍する。

● 解凍方法

フライパンに入れ、水大さじ3（分量外）を入れてふたをし、弱火で**10分加熱**する。ふたを開け、水分がなくなるまで強火で加熱する。

準備 5分 ／ 冷凍 2〜3週間

きのこのダブル使いで、食感&香りアップ
きのこつくね

準備 5分 / 冷凍 2〜3週間

●材料（2〜3人分）
鶏ひき肉 …… 250g
しいたけ（みじん切り）…… 4枚
エリンギ（みじん切り）…… 1本
片栗粉 …… 大さじ1
しょうゆ、みりん
　…… 各大さじ1・1/2

●冷凍の準備
保存袋にすべての材料を入れる。もんで混ぜたら、空気を抜いて平らにして冷凍する。

●解凍方法
耐熱皿に入れてふんわりラップをかけ、レンジ（600W）で**8分加熱**する。

●レンジ加熱の目安はP14

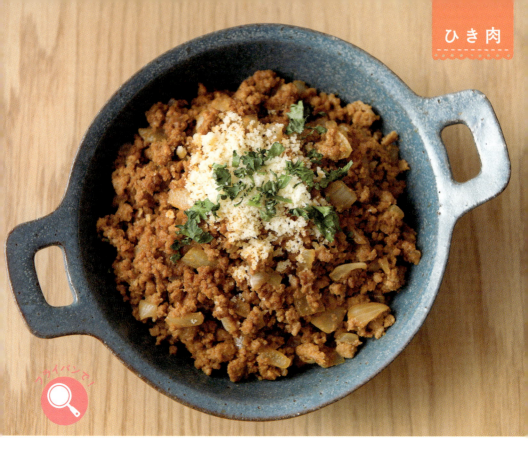

ひき肉

タコライスはもちろん、サラダやパンにも
タコミート

準備 5分 / 冷凍 2〜3週間

材料(2〜3人分)
合いびき肉 …… 300g
玉ねぎ（みじん切り）…… 1/2個
ケチャップ …… 大さじ4
ウスターソース …… 大さじ2
カレー粉 …… 小さじ2

冷凍の準備
保存袋にすべての材料を入れる。もんで混ぜたら、空気を抜いて平らにして冷凍する。

解凍方法
フライパンに入れ、水大さじ3（分量外）を入れてふたをし、弱火で<u>10分加熱</u>する。ふたを開け、水分がなくなるまでほぐしながら強火で加熱する。好みで粉チーズをふる。

● フライパン加熱の目安はP15

フライパンで！ ごはんにかけたり、お酒のあてにもGood!
トマトミート

● 材料（2〜3人分）
牛ひき肉 …… 300g
トマト（ザク切り） …… 1個
おろしにんにく（チューブ）
…… 3cm
塩、こしょう …… 各少々
洋風だし（顆粒） …… 大さじ1

● 冷凍の準備
保存袋にすべての材料を入れる。もんで混ぜたら、空気を抜いて平らにして冷凍する。

● 解凍方法
フライパンに入れ、水大さじ1（分量外）を入れてふたをし、弱火で**10分加熱**する。ふたを開け、水分がなくなるまでほぐしながら強火で加熱する。

準備 5分 ／ 冷凍 2〜3週間

レンチンで！ まとめて作っておきたい、お手軽な常備菜
みそぼろ

● 材料（2〜3人分）
鶏ひき肉 …… 300g
玉ねぎ（みじん切り） …… 1/2個
おろししょうが（チューブ）
…… 3cm
みそ …… 大さじ2
みりん …… 大さじ2

● 冷凍の準備
保存袋にすべての材料を入れる。もんで混ぜたら、空気を抜いて平らにして冷凍する。

● 解凍方法
袋の口を開け、レンジ（600W）で**8分加熱**する。熱いうちにふきんに包んでほぐす。

準備 5分 ／ 冷凍 2〜3週間

COLUMN 1

うまいよ!

「ずぼら冷凍」で ラクラク弁当

必要な分だけ解凍して使えるから、忙しい朝でも作れます!
「詰めるだけ」くらいの気持ちで、ずぼら弁当生活始めませんか?

トースターで作る
こんがり洋風弁当

トースターのトレーに詰める分だけのせて、あとはほったらかして朝ごはんや身支度を。ずぼらに見えない華やかなお弁当です。

さつまいものパセリバター焼き ▶ P.83

コーンバーグ ▶ P.61

カレーピラフ ▶ P.96

10分で完成!!
和風バーグ弁当

レンチンとフライパンの合わせ技で、忙しい朝でもとにかく簡単！ ハンバーグは、ポキッと折って使います。

にんじんのカレーベーコン炒め ▶ P.78

豆腐ひじきバーグ ▶ P.60

ブロッコリーとカリフラワーのチーズグリル ▶ P.85

サバ缶のトマト煮 ▶ P.56

サバ缶とトマトの
ジップロック弁当

チンして完成したら、汁漏れしにくい耐熱保存容器に。食べるときにもチンすれば、温かいお弁当になります！

PART 2

栄養バランスアップ
冷凍の野菜おかず

「ずぼら冷凍」なので、野菜の下ゆでや塩もみなど、面倒な工程はナシ。すぐ仕込めて、パパッと解凍して食べられる野菜おかずです。彩りも栄養も満点！苦手な人にも親しみやすい味付けばかりです。

[アイコンマークの読み方]

| 解凍方法 | 準備時間と保存期間の目安 |

レンチンで！　トースターで！　フライパンで！　準備 10分　冷凍 2週間

玉ねぎ

「えびチリ」の味付けを野菜だけで！
玉ねぎといんげんのチリソース風

準備 5分 / 冷凍 1か月

▶ 材料（2～3人分）
玉ねぎ（くし形切り）……1個
いんげん（3等分に切る）……6本
ケチャップ……大さじ2
オイスターソース……小さじ1
酢……大さじ1/2
ごま油……大さじ1/2

▶ 冷凍の準備
保存袋にすべての材料を入れる。もんで混ぜたら、空気を抜いて平らにして冷凍する。

▶ 解凍方法
フライパンに入れ、水大さじ1/2（分量外）を入れてふたをし、中火で**10分加熱**する。ふたを開け、水分がなくなるまで強火で加熱する。

見栄えのする切り方で、野菜が大変身!!
玉ねぎとパプリカのソース焼き

準備 3分 / 冷凍 1か月

▶材料(2〜3人分)
玉ねぎ(1cm幅の輪切り)
…… 1個
パプリカ(好みの色・ひと口大に切る) …… 1/2個
ウスターソース …… 大さじ1
塩、こしょう …… 各少々

▶冷凍の準備
保存袋にすべての材料を入れる。もんで混ぜたら、空気を抜いて平らにして冷凍する。

▶解凍方法
オーブントースターに入れ、15〜20分焼く。

- 温度調節は「強」
- 焦げそうになったら、ホイルをかぶせる

> キャベツ

大きめにザク切りするだけ……！
キャベツのコンソメ煮

準備 3分／冷凍 1か月

▶ 材料（2〜3人分）
キャベツ
（芯のまま3等分に切る）
…… 1/4個
コンソメ（顆粒）
…… 小さじ1・1/2
水 …… 150ml

▶ 冷凍の準備
保存袋にすべての材料を入れる。もんで混ぜたら、空気を抜いて平らにして冷凍する。

▶ 解凍方法
耐熱皿に入れてふんわりラップをかけ、レンジ（600W）で5分加熱する。

さっぱり味で箸が止まらない
キャベツの梅煮

準備 3分　冷凍 1か月

▶ **材料(2〜3人分)**

キャベツ（2cm幅のせん切り）…… 4枚
練り梅（チューブ）…… 3cm
和風だし（顆粒）…… 小さじ1/2
しょうゆ…… 小さじ1
水…… 大さじ4

▶ **冷凍の準備**

保存袋にすべての材料を入れる。もんで混ぜたら、空気を抜いて平らにして冷凍する。

▶ **解凍方法**

耐熱皿に入れてふんわりラップをかけ、レンジ（600W）で**5分加熱**する。

コレなら山盛り食べたい！やみつきレシピ
キャベツのカレー炒め風

準備 3分　冷凍 1か月

▶ **材料(2〜3人分)**

キャベツ（ざく切り）…… 4枚
おろしにんにく（チューブ）…… 1.5cm
オリーブオイル…… 大さじ1
カレー粉…… 小さじ1/2
コンソメ（顆粒）…… 小さじ1/2

▶ **冷凍の準備**

保存袋にすべての材料を入れる。もんで混ぜたら、空気を抜いて平らにして冷凍する。

▶ **解凍方法**

耐熱皿に入れてふんわりラップをかけ、レンジ（600W）で**4分加熱**する。

きのこ

ワインがすすむ、おうちおつまみをサッと
きのこのアヒージョ風

準備 5分　冷凍 1か月

● 材料（2〜3人分）
しめじ（石づきを除いて小房に分ける）……1株
マッシュルーム（半分に切る）……4個
パセリ（みじん切り）……大さじ1
おろしにんにく（チューブ）……6cm
赤唐辛子（種を取る）……1本
オリーブオイル……大さじ3
塩……小さじ1/2

● 冷凍の準備
保存袋にすべての材料を入れる。もんで混ぜたら、空気を抜いて平らにして冷凍する。

● 解凍方法
耐熱皿に入れてふんわりラップをかけ、レンジ（600W）で**5分加熱**する。

74

じゅわっとしたおいしさが凝縮！
しいたけのジンジャーオイル焼き

準備 3分 ／ 冷凍 1か月

▶ **材料（2〜3人分）**
しいたけ（石づきを除く）……6枚
おろししょうが（チューブ）……6cm
オリーブオイル……大さじ2
塩……小さじ1/4

▶ **冷凍の準備**
保存袋にすべての材料を入れる。もんで混ぜたら、空気を抜いて平らにして冷凍する。

▶ **解凍方法**
オーブントースターに入れ、**15分**焼く。

- 温度調節は「強」
- 焦げそうになったら、ホイルをかぶせる

箸休めにぴったりのやさしい副菜
きのこのピリ辛ごま酢

準備 3分 ／ 冷凍 1か月

▶ **材料（2〜3人分）**
しめじ（石づきを除いて小房に分ける）……1株
えのき（石づきを除いて小房に分ける）……1株
白すりごま……大さじ1
酢……大さじ1
しょうゆ……大さじ1
一味唐辛子……小さじ1/4

▶ **冷凍の準備**
保存袋にすべての材料を入れる。もんで混ぜたら、空気を抜いて平らにして冷凍する。

▶ **解凍方法**
耐熱皿に入れてふんわりラップをかけ、レンジ（600W）で**5分加熱**する。

大根

海苔の磯の香りで、ほっと和む
大根の磯煮

準備 3分　冷凍 1か月

● 材料（2〜3人分）
大根（乱切り）…… 1/6本
味付け海苔 …… 2袋（10枚）
めんつゆ（2倍濃縮）
　…… 大さじ3
水 …… 大さじ4

● 冷凍の準備
保存袋にすべての材料を入れる。もんで混ぜたら、空気を抜いて平らにして冷凍する。

● 解凍方法
耐熱皿に入れてふんわりラップをかけ、レンジ（600W）で **6分加熱** する。

● レンジ加熱の目安はP14

チンして作る、なつかしい煮物
大根のなめこ煮

準備 3分 / 冷凍 1か月

● 材料（2〜3人分）

大根（1cm幅のいちょう切り）……1/6本
なめこ……1袋
和風だし（顆粒）……小さじ1/2
しょうゆ……大さじ1/2
みりん……大さじ1/2
水……大さじ3

● 冷凍の準備

保存袋にすべての材料を入れる。もんで混ぜたら、空気を抜いて平らにして冷凍する。

● 解凍方法

耐熱皿に入れてふんわりラップをかけ、レンジ（600W）で<u>6分加熱</u>する。

にんじん

ベーコンから出た脂とカレー粉が決め手!
にんじんのカレーベーコン炒め

準備 5分 / 冷凍 1か月

材料(2〜3人分)
にんじん(太めのせん切り)
…… 1本
ベーコン(太めのせん切り)
…… 4枚
カレー粉 …… 小さじ1/2
ウスターソース …… 大さじ1/2
オリーブオイル …… 大さじ1/2
塩 …… 少々

冷凍の準備
保存袋にすべての材料を入れる。もんで混ぜたら、空気を抜いて平らにして冷凍する。

解凍方法
フライパンに入れ、水大さじ1/2(分量外)を入れてふたをし、中火で**10分加熱**する。ふたを開け、水分がなくなるまで強火で加熱する。

● フライパン加熱の目安はP15

レンチンで！

ほっくり甘い、かんたんグラッセ
にんじんの甘煮

準備 3分　冷凍 1か月

● 材料（2～3人分）
にんじん（4つ割りを5cm長さに切る）……1本
砂糖……大さじ1/2
コンソメ（顆粒）……小さじ1/2
水……大さじ4

● 冷凍の準備
保存袋にすべての材料を入れる。もんで混ぜたら、空気を抜いて平らにして冷凍する。

● 解凍方法
耐熱皿に入れてふんわりラップをかけ、レンジ（600W）で**5分加熱**する。

レンチンで！

コトコト煮込まないでできちゃう
にんじんのおかか煮

準備 3分　冷凍 1か月

● 材料（2～3人分）
にんじん（乱切り）……1枚
かつお節（パック）……小1袋
しょうゆ……大さじ1/2
酒……大さじ1/2
水……大さじ4

● 冷凍の準備
保存袋にすべての材料を入れる。もんで混ぜたら、空気を抜いて平らにして冷凍する。

● 解凍方法
耐熱皿に入れてふんわりラップをかけ、レンジ（600W）で**5分加熱**する。

里いも

ゴロッと、ピリッと。里いもが好きになる
里いものわさび煮

準備 5分 / 冷凍 1か月

◆材料（2〜3人分）
里いも（乱切り）…… 中4個
白だし …… 大さじ1・1/2
わさび（チューブ）
…… 3cm
水 …… 大さじ4

◆冷凍の準備
保存袋にすべての材料を入れる。もんで混ぜたら、空気を抜いて平らにして冷凍する。

◆解凍方法
耐熱皿に入れてふんわりラップをかけ、レンジ（600W）で**5分加熱**する。

● レンジ加熱の目安は P14

かんたんに作れて、ぜったい間違いない！
里いものしょうゆバター

準備 5分 ／ 冷凍 1か月

▶ 材料(2〜3人分)
里いも（乱切り）…… 中4個
しょうゆ、みりん …… 各大さじ1/2
バター …… 20g

▶ 冷凍の準備
保存袋にすべての材料を入れる。もんで混ぜたら、空気を抜いて平らにして冷凍する。

▶ 解凍方法
耐熱皿に入れてふんわりラップをかけ、レンジ（600W）で**5分加熱**する。

粗くつぶしても、ねっとりおいしい!!
里いものおかかマヨ

▶ 材料(2〜3人分)
里いも（乱切り）…… 小8個
砂糖、しょうゆ …… 各小さじ1
マヨネーズ …… 大さじ1
かつお節（パック）…… 小1袋

▶ 冷凍の準備
保存袋にすべての材料を入れる。もんで混ぜたら、空気を抜いて平らにして冷凍する。

▶ 解凍方法
袋の口を開け、レンジ（600W）で**5分加熱**する。熱いうちにふきんで包んでつぶす。

準備 5分 ／ 冷凍 1か月

さつまいも

やさしい甘さがうれしい、素朴な一品
さつまいものレモン煮

準備 3分 / 冷凍 1か月

●材料(2〜3人分)
さつまいも（1cmの輪切り）
…… 1本
レモン（スライス）…… 2枚
砂糖 …… 大さじ2
みりん …… 大さじ2
塩 …… ひとつまみ
水 …… 200ml

●冷凍の準備
保存袋にすべての材料を入れる。もんで混ぜたら、空気を抜いて平らにして冷凍する。

●解凍方法
耐熱皿に入れてふんわりラップをかけ、レンジ（600W）で<u>7分加熱</u>する。

●レンジ加熱の目安はP14

あっという間になくなるほどおいしい
さつまいものパセリバター焼き

準備 3分 / 冷凍 1か月

●材料（2〜3人分）
さつまいも（くし形切り）
…… 1本
パセリ（みじん切り）
…… 大さじ2
バター …… 20g
コンソメ（顆粒）…… 小さじ1
塩、こしょう …… 各少々

●冷凍の準備
保存袋にすべての材料を入れる。もんで混ぜたら、空気を抜いて平らにして冷凍する。

●解凍方法
オーブントースターに入れ、**20分焼く**。

- 温度調節は「強」
- 焦げそうになったら、ホイルをかぶせる

ブロッコリー

下ゆではせずに、袋に入れて準備完了！
ブロッコリーのおかか和え

準備 3分　冷凍 1か月

材料（2〜3人分）
ブロッコリー（小房に分ける）
…… 1株
かつお節（パック）
…… 小1袋
しょうゆ …… 小さじ2
砂糖 …… 小さじ1

冷凍の準備
保存袋にすべての材料を入れる。もんで混ぜたら、空気を抜いて平らにして冷凍する。

解凍方法
耐熱皿に入れてふんわりラップをかけ、レンジ（600W）で5分加熱する。

> ずぼらQ. カリフラワーが高いです。
>
> A アスパラやとうもろこしにしてもおすすめ！

歯ざわりを楽しむ、華やかな洋風野菜おかず

ブロッコリーと
カリフラワーのチーズグリル

準備 3分 / 冷凍 1か月

● 材料（2～3人分）

ブロッコリー（小房に分ける）
…… 1/2株
カリフラワー（小房に分ける）
…… 1/4株
粉チーズ …… 大さじ2
オリーブオイル
…… 大さじ1
塩、こしょう …… 各少々

● 冷凍の準備

保存袋にすべての材料を入れる。もんで混ぜたら、空気を抜いて平らにして冷凍する。

● 解凍方法

オーブントースターに入れ、**15分**焼く。

- 温度調節は「強」
- 焦げそうになったら、ホイルをかぶせる

COLUMN 2

チンの間に作れる
かんたんスープ 7

コトコト煮込んだり、アクをとる必要はいっさいナシ！
材料をカップに入れてお湯を注ぐだけで作れる、ずぼらスープの提案です。

ふわふわ卵がやさしい
たまごスープ

▶ **材料（1〜2人分）**

卵（溶いておく）……… 1個
青ねぎ（小口切り）……… 1本
中華だし（顆粒）……… 小さじ1/2

▶ **作り方**

器にすべての材料を入れ、熱湯を300ml注ぐ。

- **材料(1人分)**
レタス(ひと口大にちぎる)……1枚
カニカマ(割いておく)……1本
中華だし(顆粒)……小さじ1/2

- **作り方**
器にすべての材料を入れ、熱湯を150ml注ぐ。

直前の熱湯でシャキッと食感!
中華レタススープ

どんな献立にも合う定番！
わかめスープ

● 材料(1人分)

わかめ（乾燥）……1g
青ねぎ（小口切り）……1本
中華だし（顆粒）……小さじ1/2
ごま油……小さじ1/2
すりごま……適量

● 作り方

器にすべての材料を入れ、熱湯を150ml注ぐ。

トマトの酸味がさっぱりおいしい
トマトスープ

● 材料(1人分)

トマト（角切り）……1/2個
パセリ……少々
コンソメ（顆粒）……小さじ1
オリーブオイル……小さじ1/2

● 作り方

器にすべての材料を入れ、熱湯を150ml注ぐ。

余りもので作れるかんたん洋風スープ
かいわれスープ

材料(1人分)

貝割れ菜 …… 1/2株
ハム(角切り) …… 1/2枚
コンソメ(顆粒) …… 小さじ1
オリーブオイル …… 小さじ1/2

作り方

器にすべての材料を入れ、熱湯を150ml注ぐ。

昆布のとろみで体が温まる
とろろスープ

材料(1人分)

とろろ昆布 …… 1g
みつば(ザク切り) …… 1本
白だし …… 大さじ1

作り方

器にすべての材料を入れ、熱湯を150ml注ぐ。

豆腐が主役のホッとする和風味
豆腐スープ

▶ **材料(1人分)**

豆腐(1cmの角切り)……1/4丁
青ねぎ(小口切り)……1本
白だし……大さじ1・1/2

▶ **作り方**

器にすべての材料を入れ、熱湯を150ml注ぐ。

PART 3

腹ペコを救う
大満足の冷凍メシ

時間がないとき、面倒くさいとき、一人暮らしのごはんに重宝するチャーハンやピラフなど、ご飯ものの冷凍食品。コレひとつでも完結できる「冷凍メシ」をずぼら流に紹介！余ったご飯を袋に入れて混ぜるだけの和洋中9品です。

[アイコンマークの読み方]

解凍方法

レンチンで！

トースターで！

フライパンで！

準備時間と保存期間の目安

準備 10分　冷凍 2週間

袋に入れて、そのままチンでラクラク！
ガーリックライス

準備 3分 / 冷凍 2〜3週間

材料（2〜3人分）
ごはん …… 茶碗3杯
おろしにんにく（チューブ）…… 9cm
コンソメ（顆粒）…… 小さじ2
オリーブオイル …… 大さじ1
パセリ（みじん切り）…… 大さじ1
塩、こしょう …… 各少々

冷凍の準備
保存袋にすべての材料を入れる。もんで混ぜたら、空気を抜いて平らにして冷凍する。

解凍方法
袋の口を開け、レンジ（600W）で**6分加熱**する。

- レンジ加熱の目安はP14

レンチンで！

冷蔵庫に残っているものだけで作れそう〜

ケチャップライス

準備 3分 ／ 冷凍 2〜3週間

◆ 材料（2〜3人分）
ごはん …… 茶碗3杯
ケチャップ …… 大さじ3
オリーブオイル …… 大さじ1/2
パセリ（みじん切り）…… 大さじ1
ハム（角切り）…… 4枚
塩、こしょう …… 各少々

◆ 冷凍の準備
保存袋にすべての材料を入れる。もんで混ぜたら、空気を抜いて平らにして冷凍する。

◆ 解凍方法
袋の口を開け、レンジ（600W）で**6分加熱**する。

アレンジ

ふわふわの卵をかぶせてごちそうに！

オムライス

調理 10分

◆ 材料（2〜3人分）
ケチャップライス …… 全量
A（よく混ぜ合わせておく）
　卵 …… 4個
　牛乳 …… 大さじ2
　塩、こしょう …… 各少々
バター …… 20g

◆ 作り方
1. ケチャップライスをレンジで加熱して解凍し、器に盛っておく。
2. フライパンにバターを溶かし、Aを入れてゆっくり混ぜながら加熱し、半熟になったら1にかける。

ずぼらQ. 冷凍せずに、今すぐ食べたい‼（汗）

A 深めの耐熱皿に入れてチンして、そのままどうぞ。

フライパンで炒めなくてもパラパラ‼
ずぼらチャーハン

準備 5分 ／ 冷凍 2〜3週間

● 材料（2〜3人分）
ごはん …… 茶碗3杯
青ねぎ（小口切り）…… 4本
コーン缶 …… 1/2缶
ハム（角切り）…… 2枚
おろしにんにく（チューブ）
　…… 3cm
中華だし（顆粒）…… 小さじ2
ごま油 …… 大さじ1
塩、こしょう …… 各少々

● 冷凍の準備
保存袋にすべての材料を入れる。もんで混ぜたら、空気を抜いて平らにして冷凍する。

● 解凍方法
袋の口を開け、レンジ（600W）で**6分加熱**する。

> ● レンジ加熱の目安はP14

94

 アレンジ

とろ〜りとしたあんをかければ、最高のごはん
あんかけチャーハン

 調理 10分

● 材料（2〜3人分）

ずぼらチャーハン（P94）
……全量
水……150ml
鶏がらスープの素
　……小さじ1
片栗粉……小さじ1
カニカマ（割いておく）
　……1本

● 作り方

1. チャーハンをレンジで加熱して解凍し、器に盛っておく。
2. チャーハン以外のすべての材料をフライパンに入れて火にかけ、とろみが付くまで加熱する。1にかける。

ツナとカレー粉の組み合わせが絶品
カレーピラフ

準備 5分 / 冷凍 2〜3週間

● 材料（2〜3人分）
ごはん …… 茶碗3杯
ツナ缶 …… 1缶
カレー粉 …… 小さじ2
おろしにんにく（チューブ）
　…… 3cm
コンソメ（顆粒）…… 小さじ2
パセリ（みじん切り）
　…… 大さじ1
塩、こしょう …… 各少々

● 冷凍の準備
保存袋にすべての材料を入れる。もんで混ぜたら、空気を抜いて平らにして冷凍する。

● 解凍方法
袋の口を開け、レンジ（600W）で**6分加熱**する。

● レンジ加熱の目安はP14

食卓がバシッと決まる、今夜の主役！
洋風たこメシ

準備 5分　冷凍 2〜3週間

材料（2〜3人分）
ごはん …… 茶碗3杯
たこ（刺身用・薄切り）
　…… 100g
パプリカ（粗みじん切り）
　…… 1/2個
おろしにんにく（チューブ）
　…… 3cm
コンソメ（顆粒）…… 小さじ2
オリーブオイル …… 大さじ1
パセリ（みじん切り）…… 大さじ1
塩、こしょう …… 各少々

冷凍の準備
保存袋にすべての材料を入れる。もんで混ぜたら、空気を抜いて平らにして冷凍する。

解凍方法
袋の口を開け、レンジ（600W）で**6分加熱**する。

青海苔の風味がふわ〜っと広がる
のりしおごはん

準備 1分　冷凍 2〜3週間

◆材料(2〜3人分)
ごはん……茶碗3杯
青海苔……大さじ2
鶏がらスープの素……小さじ2
ごま油……大さじ1
塩……少々

◆冷凍の準備
保存袋にすべての材料を入れる。もんで混ぜたら、空気を抜いて平らにして冷凍する。

◆解凍方法
袋の口を開け、レンジ（600W）で6分加熱する。

●レンジ加熱の目安はP14

冷凍保存できちゃう、かんたん混ぜ寿司
鮭寿司

準備 10分 / 冷凍 2〜3週間

材料(2〜3人分)
ごはん……茶碗3杯
鮭フレーク……大さじ4
きゅうり(薄い輪切り)……1/2本
酢……大さじ2
砂糖……大さじ1
塩……ひとつまみ
白いりごま……大さじ1

冷凍の準備
保存袋にすべての材料を入れる。もんで混ぜたら、空気を抜いて平らにして冷凍する。

解凍方法
袋の口を開け、レンジ(600W)で6分加熱する。

COLUMN 3

こんなとき、どうする？
ずぼらレスキューテク

解凍するときのお悩みに対して、makoが答えます！
焦ってしまわないように前もって確認しましょう。

火が通っているか心配…

食材に**ようじなどを刺し、先が熱くなっていればOK！** 野菜の場合は、すんなり刺されば大丈夫です。心配ならキッチンバサミで切ってみて。

フライパンのふた、持ってません

アルミホイルで代用できます。 フライパン解凍をする際、水を適量入れたあとにホイルで覆うだけ。少し蒸発しやすいので、様子を見ながら水分を加減して。

「チン」で保存袋が溶けた……!!

カレー、肉、アヒージョ、マシュマロなど、**油分が多いレシピは、袋ごとレンチンは要注意。** 高温になりやすいので、数十秒ずつ行いましょう。

塊の状態で凍ってしまった（汗）

冷凍庫が混み合っていたりすると、保存袋の食材が偏りがち。**加熱時間を長めにするか、半解凍になるまでレンチンしてから平らにならす**とよいです。

PART 4

もんで作れる！使い道自由！
魔法の冷凍ソース

好きな分解凍したら、のせたり、混ぜたり。
凍ったままフライパンに入れて炒めたり、鍋にポイッと
入れれば、いつもの料理が瞬時にグレードアップ！
頼もしい冷凍ソースと使いみちレシピをご紹介します。

[アイコンマークの読み方]

解凍方法	準備時間と保存期間の目安
	準備 冷凍 10分 2週間

レンチンで！　トースターで！　フライパンで！

makoの早ワザの秘密!
魔法の冷凍ソースってなに?

食材が余ったときや、作るものがすぐに思いつかないときに重宝するのがこの4種のソース。少しずつ割って使えて、あっという間にひと品が完成！冷凍庫にあれば、ここから献立がすぐ決まります。

ずぼらにうれしい理由 その❶
もむだけで作れて、食べたい分だけ使える

ずぼらにうれしい理由 その❷
使いみちが自由！「あと一品…」がすぐ完成

アボカドソース ▶ P.112

のっけて**副菜**に！　和えて**どんぶり**に！　炒めて**主菜**に！

魔法の冷凍ソース 1

材料は3つ。洋風にも和風にも使える！

準備 5分　冷凍 1か月

- **材料（中1袋分）**

トマト …… 中4個
玉ねぎ（みじん切り）…… 1/4個
白だし …… 大さじ4

- **冷凍の準備**

保存袋にすべての材料を入れる。もんで混ぜたら、空気を抜いて平らにして冷凍する（**解凍して使うときは、レンジで2分加熱**）。

魚の旨味とトマトの酸味が混ざり合う！
白身魚のトマトソース

調理 10分

● 材料(2人分)
フレッシュトマトソース
(P104) …… 1/4袋
白身魚(鯛、たらなど) …… 2切れ
塩、こしょう …… 各少々
オリーブオイル …… 大さじ1

● 作り方
1. 魚に塩こしょうをする。
2. フライパンにオリーブオイルを熱し、1を入れて両面に焼き色がつくまで焼く。
3. 2を皿に取り出し、フライパンにトマトソースを凍ったまま入れ、5分ほど強火で解凍しながら煮詰め、皿にかける。

パパッと作れちゃう、本格メインディッシュ
チキンのトマトソース

調理 10分

● 材料(2～3人分)
フレッシュトマトソース
(P104) …… 1/4袋
鶏もも肉 …… 1枚
塩、こしょう …… 各少々
オリーブオイル …… 大さじ1

● 作り方
1. 肉に塩こしょうをする。
2. フライパンにオリーブオイルを熱し、1を入れて両面に焼き色がつくまで焼く。
3. 2を皿に取り出し、フライパンにトマトソースを凍ったまま入れ、5分ほど強火で解凍しながら煮詰め、皿にかける。

夏のマンネリを打開！ そうめんの新しい食べ方

トマトそうめん

トマトソース

調理 10分

● 材料(2〜3人分)

フレッシュトマトソース
（P104・解凍しておく）……1/4袋
水……100ml
そうめん（ゆでておく）……3束
しそ（せん切り）……2枚
みょうが（せん切り）……1個

● 作り方

1. トマトソースと水を合わせる。
2. そうめん、大葉、みょうがを皿に盛り、1につけて食べる。

 残ったごはんにかけるだけ。さっぱり味の〆に

冷製トマト茶漬け

調理10分

◆材料(2～3人分)
フレッシュトマトソース
(P104・解凍しておく) …… 1/4袋
ほうじ茶 …… 100ml
冷やごはん …… 茶碗2杯

◆作り方
1. 冷やごはんはさっと水で洗い、水気をきる。
2. トマトソースとほうじ茶を合わせ、1にかける。好みで刻んだしそを添える。

魔法の冷凍ソース **2**

じゃがいもが、たちまち身近な存在に！

準備 10分 ／ 冷凍 1か月

● 材料（中1袋分）
じゃがいも
（皮をむいてレンジで6分加熱）…… 3個
生クリーム …… 150ml
コンソメ（顆粒）…… 小さじ1
塩、こしょう …… 各少々

● 冷凍の準備
保存袋にすべての材料を入れる。もんで混ぜたら、空気を抜いて平らにして冷凍する（**解凍して使うときは、レンジで2分加熱**）。

ポテサラの概念をくつがえす、シャキホクのおいしさ!!
ずぼらポテサラ

● 材料（2〜3人分）

ポテトソース
（P108・解凍しておく） …… 1/5袋
ハム（せん切り）…… 2枚
貝割れ菜 …… 1/2パック

● 作り方

すべての材料を混ぜる。

調理 10分

好きなもので巻いて、巻いて、巻くだけ！
ハム巻きオードブル

● 材料（2〜3人分）

ポテトソース
（P108・解凍しておく） …… 1/5袋
生ハム …… 6枚
リーフレタス
（適当な大きさにちぎる）…… 1枚
パプリカ（せん切り）…… 1/8個

● 作り方

生ハムの上にリーフレタス、ポテトソース、パプリカの順に並べて巻く。

調理 10分

 ポテトソース

どう考えても間違いない組み合わせ!!
ツナポテトチーズ焼き

 調理 10分

● 材料（2〜3人分）

**ポテトソース
（P108・解凍しておく）** …… 1/5袋
ツナ缶（油をきる） …… 1缶
ピザ用チーズ …… 適量
パセリ（みじん切り） …… 適量

● 作り方

ポテトソースとツナ缶を混ぜ合わせて耐熱皿に盛り、パセリ、ピザ用チーズを散らす。オーブントースターで、5分ほどチーズがこんがりするまで焼く。

超かんたんなのに、お店みたいな一皿
白身魚のポテトソース

- **材料(2〜3人分)**

<u>ポテトソース(P108)</u> …… 1/5袋
白身魚 …… 2切れ
塩 …… 少々
カレー粉 …… 小さじ1/8
オリーブオイル …… 小さじ1
牛乳 …… 大さじ2

- **作り方**

1. 魚に塩、カレー粉をふる。
2. フライパンにオリーブオイルを熱し、1を入れて両面に焼き色がつくまで焼く。
3. 2を皿に取り出し、フライパンに牛乳、ポテトソースを凍ったまま入れ、5分ほど強火で解凍しながら煮詰め、皿にかける。

調理 10分

いつもの朝ごはんをスペシャルにしてくれる
じゃがいもポタージュ

調理 5分

- **材料(2〜3人分)**

<u>ポテトソース(P108)</u> …… 1/5袋
牛乳 …… 200ml
顆粒コンソメ …… 小さじ1
パセリ …… 少々

- **作り方**

すべての材料を鍋に入れて火にかけ、温める。

魔法の冷凍ソース 3

なめらかな食感で、料理がワンランクアップ

準備 10分 / 冷凍 1か月

● 材料（中1袋分）

アボカド ……… 3個
玉ねぎ（みじん切り）……… 1/4個
レモン汁 ……… 大さじ2
塩 ……… 小さじ1/4
水 ……… 大さじ2

● 冷凍の準備

保存袋にすべての材料を入れる。もんで混ぜたら（好みで、アボカドは粗くつぶしてもいい）、空気を抜いて平らにして冷凍する（**解凍して使うときは、レンジで2分加熱**）。

 お肉が好きだけど、普通のステーキが飽きた人へ

メキシカンビーフ

 調理 10分

材料(2〜3人分)

アボカドソース
（P112・解凍しておく） …… 1/4袋
牛ステーキ肉 …… 2枚
塩、こしょう …… 各少々
タバスコ …… 少々
オリーブオイル …… 小さじ1

作り方

1. 肉に塩こしょうをする。
2. フライパンにオリーブオイルを熱し、1を入れて両面に焼き色がつくまで焼く。
3. 2にアボカドソース、タバスコをかける。

ポキ丼

マグロとアボカドの濃厚な出会い!

材料(2〜3人分)
アボカドソース
(P112・解凍しておく) …… 1/4袋
A
- マグロ（刺身用・ひと口大に切る）…… 150g
- しょうゆ …… 大さじ1
- みりん …… 大さじ1
- ごま油 …… 大さじ1/2

ごはん …… 茶碗2杯
青ねぎ（3mm幅に切る）…… 2本
ごま …… 大さじ1/2

作り方
1. Aを合わせて10分ほどおく。
2. 1とアボカドソース、ねぎをさっと混ぜ、ごはんにのせる。ごまをふる。

アボカドやっこ

のっければ、うれしい副菜に早変わり

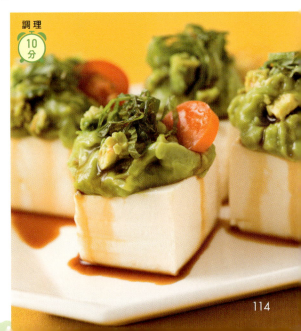

材料(2〜3人分)
アボカドソース
(P112・解凍しておく) …… 1/4袋
豆腐（絹）…… 1丁
しそ（みじん切り）…… 4枚
ミニトマト（食べやすく切る）…… 4個
しょうゆ …… 適量

作り方
豆腐にアボカドソース、しそ、ミニトマトをのせ、しょうゆをかける。

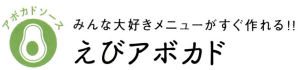 みんな大好きメニューがすぐ作れる!!
えびアボカド

 調理 10分

● 材料(2〜3人分)
アボカドソース
(P112・解凍しておく) …… 1/4袋
えび(殻をむいておく) …… 10尾
塩、こしょう …… 各少々
オリーブオイル …… 小さじ1

● 作り方
1. えびに塩こしょうをする。
2. フライパンにオリーブオイルを熱し、1を入れて両面に焼き色がつくまで焼く。
3. 2とアボカドソースを混ぜ合わせる。

魔法の冷凍ソース 4

タルタルソース

卵たっぷり、幸せの味がいつでもかんたん

準備 15分 / 冷凍 1か月

● 材料（中1袋分）

ゆで卵（12分ゆでておく）…… 6個
らっきょう（みじん切り）…… 6個
マヨネーズ …… 大さじ4
酢 …… 大さじ1
塩、こしょう …… 各少々

● 冷凍の準備

保存袋にすべての材料を入れる。もんで混ぜたら、空気を抜いて平らにして冷凍する（**解凍して使うときは、レンジで2分加熱**）。

タルタルソース

のっけるだけで、いくらでも野菜が食べたくなる……

ミモザサラダ

調理 10分

材料(2〜3人分)

タルタルソース
(P116・解凍しておく) …… 1/5袋
サラダミックス …… 1袋
ポン酢 …… 適量

作り方

サラダミックスを皿に盛り、タルタルソースをのせ、ポン酢をかける。

鮭のごちそうメニューはこれで決まり
鮭タルタル

● 材料(2〜3人分)

タルタルソース
(P116・解凍しておく) …… 1/5袋
鮭 …… 2切れ
塩、こしょう …… 各少々
オリーブオイル …… 小さじ1

● 作り方

1. 鮭に塩こしょうをする。
2. フライパンにオリーブオイルを熱し、1を入れて両面に焼き色がつくまで焼く。
3. 2を皿に盛り、タルタルソースをかける。

調理 10分

安価なむね肉でも、豪華なおかずに見える!
鶏むねタルタル

● 材料(2〜3人分)

タルタルソース
(P116・解凍しておく) …… 1/5袋
鶏むね肉 …… 1枚
塩、こしょう …… 各少々
オリーブオイル …… 大さじ1

● 作り方

1. 鶏肉に塩こしょうをする。
2. フライパンにオリーブオイルを熱し、1を入れて両面に焼き色がつくまで焼く。
3. 2を皿に盛り、タルタルソースをかける。

調理 10分

急なおもてなしやおつまみにも助かる
グリル野菜のタルタル和え

• **材料**(2〜3人分)

タルタルソース
(**P116・解凍しておく**) …… 1/5袋
カリフラワー
(小房に分ける) …… 1/2株
パプリカ
(ひと口大に切る) …… 1/2個
ズッキーニ
(1.5cm幅の輪切り) …… 1/2本
オリーブオイル …… 大さじ1

• **作り方**

野菜にオリーブオイルをかけてトースターで10分ほど焼き、タルタルソースと合わせる。

調理 10分

世界で一番おいしいパンのおとも
タルタルトースト

• **材料**(2〜3人分)

タルタルソース
(**P116・解凍しておく**) …… 1/5袋
食パン …… 2枚
パセリ(みじん切り) …… 適量

• **作り方**

食パンをトーストし、タルタルソース、パセリをのせる。

調理 10分

保存袋で超かんたん 冷凍スイーツ おまけ

さっぱりとした口当たりで食後のデザートにおすすめ！

フローズンヨーグルト

◆材料（中1袋分）

ヨーグルト（無糖）…… 200ml
生クリーム …… 100ml
砂糖 …… 大さじ3
レモン汁 …… 大さじ1

◆作り方

1. 保存袋にすべての材料を入れる。もんで混ぜたら、空気を抜いて平らにして冷凍する。
2. 冷凍庫で2時間〜冷やし、8割固まったら取り出す。ふきんで包んでもみほぐし、器に盛る。

POINT!

できるだけ崩すと◎！

固まりかけをたたいたり、もんだりして崩すことで、デザートの食感がアップします。

『冷たくておいしい一年中食べたい、
5つの簡単スイーツレシピ！
冷凍庫でアイスのようにストックでき、
食べたい分を袋からすくってどうぞ。』

最強の組み合わせで、
ねっとり濃厚なおいしさ！

バナナチョコアイス

材料（中1袋分）

バナナ …… 2本
板チョコ
（レンジ600Wで1分30秒加熱）…… 80g
牛乳 …… 100ml

作り方

1. 保存袋にすべての材料を入れる。もんで混ぜたら、空気を抜いて平らにして冷凍する。
2. 冷凍庫で2時間〜冷やし、8割固まったら取り出す。ふきんで包んでもみほぐし、器に盛る。

袋でチョコを溶かすとラク

保存袋に板チョコを入れてチンしてから、バナナを入れて崩しましょう。

新食感でくせになる和風なスイーツ

マシュマロきなこアイス

● 材料（中1袋分）

マシュマロ
（レンジ600Wで40秒加熱）…… 80g
牛乳 …… 300ml
きなこ …… 大さじ2

● 作り方

1. 保存袋にすべての材料を入れる。もんで混ぜたら、空気を抜いて平らにして冷凍する。
2. 冷凍庫で2時間〜冷やし、8割固まったら取り出す。ふきんで包んでもみほぐし、器に盛る。

POINT!

マシュマロときなこが相性抜群

溶けたマシュマロを冷凍すると、まるでお餅のような食感。きなこ餅のような味わいになります。

ほんのりやさしい甘さで
見た目もかわいい

クラッシュ いちごミルク

材料（中1袋分）
いちご …… 10粒
牛乳 …… 300ml
砂糖 …… 大さじ3

作り方
1. 保存袋にすべての材料を入れる。もんで混ぜたら、空気を抜いて平らにして冷凍する。
2. 冷凍庫で2時間〜冷やし、8割固まったら取り出す。ふきんで包んでもみほぐし、器に盛る。

缶詰を丸ごと冷凍！
ミントでお店みたいな味に

みかんシャーベット

材料（中1袋分）
みかん缶 …… 1缶
ミント（手でちぎっておく）
…… 3本

作り方
1. 保存袋にすべての材料を入れる。もんで混ぜたら、空気を抜いて平らにして冷凍する。
2. 冷凍庫で2時間〜冷やし、8割固まったら取り出す。ふきんで包んでもみほぐし、器に盛る。

タルタルソース ……………………………… 116

［豆腐］
- レ 豆腐ひじきバーグ ………………………… 60
- 　豆腐スープ …………………………………… 90
- 　アボカドやっこ ……………………………… 114

野菜

［玉ねぎ］
- フ 豚玉ねぎポン酢 ……………………………… 39
- レ 豚肉のケチャップソース …………………… 43
- レ サバ缶のトマト煮 …………………………… 56
- レ ツナ缶のクリーム煮 ………………………… 57
- レ ずぼらバーグ ………………………………… 58
- レ 和風しそバーグ ……………………………… 59
- フ 中華バーグ …………………………………… 60
- フ タコミート …………………………………… 64
- レ みそぼろ ……………………………………… 65
- フ 玉ねぎといんげんのチリソース風 ………… 70
- ト 玉ねぎとパプリカのソース焼き …………… 71
- 　フレッシュトマトソース …………………… 104
- 　アボカドソース ……………………………… 112

［キャベツ］
- レ キャベツのコンソメ煮 ……………………… 72
- レ キャベツの梅煮 ……………………………… 73
- レ キャベツカレー炒め風 ……………………… 73

［レタス］
- 　中華レタススープ …………………………… 87

［きゅうり］
- レ 鮭寿司 ………………………………………… 99

［にんじん］
- レ 豚バラのにんじん巻き ……………………… 41
- フ にんじんのカレーベーコン炒め …………… 78
- レ にんじんの甘煮 ……………………………… 79
- レ にんじんのおかか煮 ………………………… 79

［大根・大根おろし］
- レ 手羽先と大根のさっぱり煮 ………………… 32
- レ 牛肉のおろし煮 ……………………………… 47
- レ ぶり大根 ……………………………………… 53
- レ 大根の磯煮 …………………………………… 76
- レ 大根のなめこ煮 ……………………………… 77

［じゃがいも］
- 　ポテトソース ………………………………… 108

［里いも］
- レ 牛肉のいも煮 ………………………………… 46
- レ 里いものわさび煮 …………………………… 80
- レ 里いものしょうゆバター …………………… 81
- レ 里いものおかかマヨ ………………………… 81

［さつまいも］
- レ 豚肉とさつまいもの甘辛煮 ………………… 40
- レ さつまいものレモン煮 ……………………… 82
- ト さつまいものパセリバター焼き …………… 83

［れんこん］
- レ 牛肉とれんこんのからし煮 ………………… 49
- レ れんこんつくね ……………………………… 62

［長ねぎ］
- フ 鶏肉のねぎ塩焼き …………………………… 33
- レ 牛肉のいも煮 ………………………………… 46
- フ ジャージャーつくね ………………………… 62

［青ねぎ］
- レ 豚肉のねぎごま風味 ………………………… 38
- 　たまごスープ ………………………………… 86
- 　わかめスープ ………………………………… 88
- 　豆腐スープ …………………………………… 90
- レ ずぼらチャーハン …………………………… 94

［カリフラワー・ブロッコリー］
- レ ブロッコリーのおかか和え ………………… 84
- ト ブロッコリーとカリフラワーのチーズグリル … 85
- 　グリル野菜のタルタル和え ………………… 119

［トマト・トマト缶］
- レ サバ缶のトマト煮 …………………………… 56
- フ トマトミート ………………………………… 65
- 　トマトスープ ………………………………… 88
- 　フレッシュトマトソース …………………… 104

［アボカド］
- 　アボカドソース ……………………………… 112

［パプリカ］
- ト 玉ねぎとパプリカのソース焼き …………… 71
- レ 洋風たこメシ ………………………………… 97
- 　ハム巻きオードブル ………………………… 109
- 　グリル野菜のタルタル和え ………………… 119

［コーン］
- ト コーンバーグ ………………………………… 61
- レ ずぼらチャーハン …………………………… 94

［いんげん］
- フ 玉ねぎといんげんのチリソース風 ………… 70

［にんにくの芽］
- フ 牛肉のオイマヨ炒め ………………………… 48

［しそ］
- レ 和風しそバーグ ……………………………… 59

［貝割れ菜］
- 　かいわれスープ ……………………………… 89
- 　ずぼらポテサラ ……………………………… 109

［きのこ］
- ト きのこチーズチキン ………………………… 33
- レ 鶏むね肉ときのこのさっぱり漬け ………… 34
- レ きのこつくね ………………………………… 63
- レ きのこのアヒージョ風 ……………………… 74
- ト しいたけのジンジャーオイル焼き ………… 75
- レ きのこのピリ辛ごま酢 ……………………… 75
- レ 大根のなめこ煮 ……………………………… 77

食材別インデックス

好きな食材や、冷蔵庫に余っているもので
レシピを選ぶときにお使いください。

- レ レンジ解凍
- フ フライパン解凍
- ト トースター解凍

肉・加工品

[鶏もも肉]
- フ レモンしょうゆチキン ………… 28
- フ ヤンニョムチキン ………… 30
- フ タンドリーチキン ………… 31
- フ 鶏肉のねぎ塩焼き ………… 33
- チキンのトマトソース ………… 105

[鶏むね肉]
- ト きのこチーズチキン ………… 33
- レ 鶏むね肉ときのこのさっぱり漬け ………… 34
- レ 鶏むねチャーシュー ………… 35
- 鶏むねタルタル ………… 118

[鶏手羽元・手羽先]
- ト バーベキューチキン ………… 29
- レ 手羽先と大根のさっぱり煮 ………… 32

[豚肉]
- ト 豚肉のスパイシーグリル ………… 36
- フ 豚肉のマーマレード焼き ………… 37
- フ 豚肉のねぎごま風味 ………… 38
- フ 豚玉ねぎポン酢 ………… 39
- レ 豚肉とさつまいもの甘辛煮 ………… 40
- レ 豚バラのにんじん巻き ………… 41
- フ 豚肉のゆずこしょう炒め ………… 42
- レ 豚肉のケチャップソース ………… 43
- フ 豚肉のごまみそ焼き ………… 43

[牛肉]
- フ 牛ステーキ わさびソース ………… 44
- フ 牛ステーキ ガーリックソース ………… 45
- レ 牛肉のいも煮 ………… 46
- レ 牛肉のおろし煮 ………… 47
- フ 牛肉のオイマヨ炒め ………… 48
- レ 牛肉とれんこんのからし煮 ………… 49
- メキシカンビーフ ………… 113

[合いびき肉]
- レ ずぼらバーグ ………… 58
- レ 和風しそバーグ ………… 59
- フ タコミート ………… 64

[鶏ひき肉]
- レ 豆腐ひじきバーグ ………… 60
- レ きのこつくね ………… 63
- レ みそぼろ ………… 65

[豚ひき肉]
- フ 中華バーグ ………… 60
- レ れんこんつくね ………… 62
- フ ジャージャーつくね ………… 62

[牛ひき肉]
- ト コーンバーグ ………… 61
- フ トマトミート ………… 65

[ベーコン・ハム]
- フ にんじんのカレーベーコン炒め ………… 78
- かいわれスープ ………… 89
- レ ケチャップライス ………… 93
- レ ずぼらチャーハン ………… 94
- ずぼらポテサラ ………… 109
- ハム巻きオードブル ………… 109

魚介

[えび]
- ト ガーリックシュリンプ ………… 50
- レ えびチリソース ………… 51
- えびアボカド ………… 115

[たこ]
- レ 洋風たこメシ ………… 97

[切り身魚]
- ト 鮭のオイスターソース焼き ………… 52
- フ ぶりの韓国風照り焼き ………… 53
- フ ぶり大根 ………… 53
- フ 白身魚のレモンみそ焼き ………… 54
- 白身魚のトマトソース ………… 105
- 白身魚のポテトソース ………… 111
- 鮭タルタル ………… 118

[貝類]
- レ あさりのワイン蒸し ………… 55

[魚缶]
- レ サバ缶のトマト煮 ………… 56
- レ ツナ缶のクリーム煮 ………… 57
- レ カレーピラフ ………… 96
- ツナポテトチーズ焼き ………… 110

[刺身・海藻・加工品]
- レ 豆腐ひじきバーグ ………… 60
- わかめスープ ………… 88
- 中華レタススープ ………… 87
- とろろスープ ………… 89
- レ 鮭寿司 ………… 99
- ポキ丼 ………… 114

卵・豆腐類

[卵]
- たまごスープ ………… 86
- オムライス ………… 93

袋で「もむだけ」でいい！

「毎日忙しい」「料理が苦手」という理由で、お家でごはんをなかなか作ることができない人のお役に立ちたいと思い、『ずぼら冷凍レシピ』を考えました。

お家で料理を作るということは、自分や家族に寄り添って作ることができます。たとえば、「毎日頑張っているんだから、お肉は高くてもいいものを使おう」「パパは高血圧だから、減塩メニューに！」「味にこだわりたいから調味料は厳選した」……」など、自分や家族のことを考えて、自由にカスタムすることができるんです。

おいしい外食やお惣菜もたくさんありますよね。できあがっているものは自分好みに変えることはなかなか難しいですよね。手作りの料理なら、

\ Let's cook! /

体の栄養だけでなく、心の栄養にもなると思っています。

この本で紹介するレシピは、手間ひまかけたり、豪華な盛り付けはありません。どれもびっくりするくらい簡単につくれてしまいます。気負いせずに、まずは1袋をもんでみてください!

手にとってくれたみなさんが、ご飯作りのストレスから解放され、自分や家族のためにお家ごはんを楽しんでいただけると嬉しいです。

mako

mako

アイデア料理研究家。フードクリエイター。栄養士とフードコーディネーターの資格を持つ。3時間で30品つくりおきを完成させる"超速ワザ"が注目され、TV番組「沸騰ワード10」や「ヒルナンデス！」(日本テレビ系)等に出演。
学生時代はレストラン、お弁当屋、居酒屋のキッチンで働き、社会人になってからは栄養士、フードコーディネーター、料理専門の家政婦など、食に関わるさまざまな仕事を経験。料理のアイデアを考えるのが得意で、自身の経験と組み合わせ、誰でもおいしく作れるレシピを提案している。食べることが大好きで、日本各地や世界各国で食べ歩きも欠かさない。

公式WEBサイト
http://www.makofoods.com
Instagram @makofoods
Twitter @makofoods
YouTube https://www.youtube.com/c/makofoods

準備はたった1分！
家政婦makoの ずぼら冷凍レシピ

2019年1月10日　第1刷発行
2019年2月5日　第3刷発行

著　者	mako
発行者	片桐隆雄
発行所	株式会社マガジンハウス 〒104-8003 東京都中央区銀座 3-13-10 書籍編集部　☎ 03-3545-7030 受注センター　☎ 049-275-1811
印刷・製本	株式会社千代田プリントメディア

©2019 mako, Printed in Japan
ISBN978-4-8387-3030-8 C0077

撮影	中島慶子（マガジンハウス）
スタイリング	大関涼子
デザイン	河南祐介、塚本望来（FANTAGRAPH）
イラスト	こいしゆうか
制作協力	中根勇
撮影協力	UTUWA

乱丁本、落丁本は購入書店明記のうえ、小社制作管理部宛にお送りください。送料小社負担にて、お取り替えいたします。但し、古書店等で購入されたものについてはお取り替えできません。
定価は帯とカバーに表示してあります。
本書の無断複製（コピー、スキャン、デジタル化等）は禁じられています（但し、著作権法上の例外は除く）。断りなくスキャンやデジタル化することは著作権法違反に問われる可能性があります。

マガジンハウスのホームページ
http://magazineworld.jp/